COMPRENDRE
LA LITTÉRATURE

MIXTE
Papier issu de sources responsables
Paper from responsible sources
FSC® C105338

THÉOPHILE GAUTIER

Emaux et Camées

Étude de l'oeuvre

© Comprendre la littérature.

22 rue Gabrielle Josserand - 93500 Pantin.

ISBN 978-2-75930-490-5

Dépôt légal : Septembre 2023

Impression Books on Demand GmbH
In de Tarpen 42

22848 Norderstedt, Allemagne

SOMMAIRE

- Biographie de Théophile Gautier.................................. 9

- Présentation de *Emaux et Camées*............................ 15

- Résumé du recueil.. 19

- Les raisons du succès.. 25

- Les thèmes principaux... 29

- Étude du mouvement littéraire.................................. 39

- Dans la même collection... 43

BIOGRAPHIE DE THÉOPHILE GAUTIER

Théophile Gautier est un écrivain français né à Tarbes en 1811 d'une famille honorable et royaliste. Son père, ancien officier des guerres napoléoniennes, encourage ardemment ses premiers essais poétiques.

Le jeune Gautier choisit d'abord d'étudier la peinture à Paris. Il entre dans l'atelier de Rioult, mais il noue en même temps d'étroites relations avec la jeune école littéraire romantique et manifeste déjà bruyamment son aversion pour les classiques. À cette époque, il hésite entre les lettres et la peinture.

C'est grâce à l'avènement de Victor Hugo que Théophile Gautier décide d'abandonner la peinture pour se consacrer à la littérature. En 1830, la bataille d'*Hernani* éclate et Gautier se montre un des plus véhéments défenseurs du poète. Il est, avec son fameux gilet rouge et son pantalon vert, le plus en vue des combattants. Il mène les « flamboyants » à l'assaut des classiques « grisâtres » ; il devient en quelque sorte le chef de file du romantisme, professant lui-même un romantisme excentrique et s'ingéniant à provoquer le bourgeois. Avant d'être un écrivain, les outrances de Gautier font déjà de lui un personnage.

Quelques mois plus tard paraissent ses premières poésies. En 1833, il déchaîne l'admiration de son petit cénacle avec *Albertus*, une sorte de légende en vers, naïve et démoniaque, où il raconte l'histoire d'un jeune peintre qui se damne pour une sorcière. Cependant, dès la même année, Gautier prend des distances à l'égard des excès de son groupe et trace les portraits ironiques de ses camarades dans *Les Jeunes-France*.

En 1835 paraît son premier roman, *Mademoiselle de Maupin*. Dans la préface de ce livre, aussi importante que la préface de *Cromwell*, Gautier développe sa théorie de « l'art pour l'art », à savoir son exigence de beauté pure et son parfait mépris de la morale. Il y exprime également sa méfiance à l'égard des effusions sentimentales dont les romantiques tendent à se satisfaire. La séparation entre Gautier et ses amis romantiques semble imminente.

En 1838, *La Comédie de la mort* décrit encore, en vers cette fois, les excentricités du Cénacle se regroupant autour du poète dans son impasse du Doyenné et réunit des poèmes d'un romantisme macabre. C'est probablement à la même époque que Gautier écrit son célèbre *Capitaine Fracasse*, publié seulement en 1863, et qu'il débute sa carrière de critique d'art. Il rédige dans un style ardent et riche, tant pour *La Presse* que pour *Le Monitor*, plus de deux mille feuilletons sur la littérature, la peinture, la danse. Il épouse d'ailleurs une danseuse italienne, Ernesta Grisi avec qui il a deux filles, Estelle et Judith.

En 1840, il publie *Un voyage en Espagne*, tableaux poétiques pittoresques s'avérant être davantage une description de peintre qu'un récit d'écrivain, mais il ne tarde pas à se rendre compte que le public est las du romantisme. Il prend désormais son indépendance vis-à-vis de toutes les grandes passions, de tout le faste romantisme des mots où il avait autrefois excellé et s'enferme volontairement dans une représentation distante et objective.

C'est en 1852 avec la parution d'*Émaux et Camées*, son recueil de poésies le plus important et le plus célèbre, que Gautier marque sa nouvelle prise de position poétique : la perfection des formes, le vocabulaire recherché, la brièveté des vers et des strophes éliminent complètement tous les élans du « moi » pour une recherche de la seule perfection technique.

Parti du romantisme flamboyant, Théophile Gautier devient l'un des fondateurs du Parnasse et l'inspirateur, en 1850, de toute une génération de poètes parmi lesquels Banville, Flaubert et, surtout, Baudelaire, qui dédie ses *Fleurs du Mal* à ce « poète impeccable », ce « parfait magicien ès lettres françaises ». Ce qu'ils aiment chez Gautier, c'est son amour de la beauté plastique, un certain exotisme, et surtout sa façon d'appréhender l'art comme seule consolation à la mort et au néant.

Peu lu aujourd'hui en dehors du *Capitaine Fracasse*, Gautier n'occupe pas, d'habitude, une place de premier plan parmi les écrivains de son temps. Il n'en a pas moins joué un rôle important dans l'orientation de la poésie française au milieu du XIXe siècle, ouvrant la voie aux parnassiens et aux symbolistes. Il meurt à Neuilly-sur-Seine en 1872.

PRÉSENTATION DE
EMAUX ET CAMÉES

Émaux et Camées est le recueil de poésies le plus célèbre et le plus important de Théophile Gautier. L'édition originale, parue en 1852, comprend dix-huit pièces. Le recueil ne cesse de grossir jusqu'en 1872, veille de la mort de Gautier, où une sixième édition compte quarante-sept poèmes, pour la plupart très courts et formés de quatrains d'octosyllabes.

La carrière poétique de Gautier avait commencé par un romantisme cru et verdoyant dans *La Comédie de la mort*. Elle s'oriente ici vers une représentation objective et impersonnelle, plus précisément la représentation plastique du « monde sensible ». À travers une forme d'une pureté cristalline, les poèmes, pour la plupart descriptifs, expriment les divers aspects du monde extérieur (« Étude de mains », « Nostalgie d'obélisques », « Odelette anacréontique », « La rose-thé », « Diamant du cœur », « Affinités secrètes », « Premier sourire du printemps », etc.).

« L'art », la dernière pièce du recueil, ne prend place dans *Émaux et Camée* qu'en 1857. Ce poème, le plus important de l'ouvrage, se présente comme un manifeste du mouvement parnassien. En édictant un ensemble de règles pour une nouvelle définition de la poésie, Gautier entend donner le jour à une forme absolument plastique et rigoureusement définie.

Le titre du recueil, avec les émaux et camées comme bijoux antiques, exprime en lui-même le dessein de Gautier de traiter chaque poème comme un médaillon précieux. La netteté, la concentration, la régularité, la brièveté, la précision apparaissent comme les caractéristiques formelles les plus remarquables du recueil et font de cet ouvrage une espèce d'œuvre-bijou à l'élégance raffinée.

Ce volume marque en quelque sorte la fin de la première grande poésie romantique, sentimentale, grandiloquente et inaugure la poésie parnassienne. Gautier se voue tout entier à son rêve de beauté, s'efforce de réaliser l'esthétique de « l'art pour l'art », soucieuse avant tout de la perfection formelle.

RÉSUMÉ DU RECUEIL

Chaque poème d'*Émaux et Camées* est la représentation détaillée et sublimée d'un thème de la vie quotidienne ou d'un objet quelconque, qu'il soit réel ou mythologique, vivant ou minéral, naturel ou produit par l'homme. C'est une montre arrêtée dans « La montre » ; une cheminée qui fume dans « Fumée » ; un accroche-cœur sur une joue dans « Les accroche-cœurs » ; un prénom à consonance antique à propos de la belle « Apollonie ».

La recherche du beau est l'essentiel de l'esthétique poétique du recueil, avec pour but de sortir l'art de tout ce qui concerne la laideur et l'horreur du monde contemporain.

Gautier exprime d'emblée, dans son poème qu'il intitule « Préface », son indifférence face à l'agitation politique. Le poète s'écarte des luttes sociales de son temps, qu'il laisse de l'autre côté de la vitre, pour se consacrer à son œuvre.

« L'Art » édicte un ensemble de règles pour une nouvelle définition de la poésie. Gautier présente le poète comme le sculpteur d'une matière dure et résistante.

« Nostalgie d'obélisques » invite à se représenter les « laids squelettes » de ceux qui ignorent l'art de l'embaumement.

Dans « Étude de mains », Gautier décrit la main « moulée en plâtre » de la courtisane Impéria, et la main coupée et embaumée du célèbre assassin Lacenaire, guillotinée en 1836.

« Contralto » évoque la grâce et le charme sibyllin de la voix bisexuée. L'androgyne représente l'unité suprême, la forme idéale, la beauté absolue.

De nombreux poèmes évoquent des liens amoureux.

Dans « Affinités secrètes », à travers une série de petites aquarelles colorées de teintes légères et délicates, le poète célèbre une femme devant laquelle il « brûle et tremble ».

« Caeruelei oculi » peut se traduire par « les yeux d'azur » et révèle un échec amoureux. C'est la poursuite d'une femme insaisissable et mystérieuse.

Dans « Odelette anacréontique », Gautier opère une personnification du sentiment amoureux en une « colombe inquiète ».

Le « Diamant du cœur », c'est une larme de sa maîtresse laissant une « empreinte adorée » sur un papier – souvenir que le poète conserve précieusement.

Dans « Dernier vœu », le poète déclare aimer une fille depuis dix-huit ans. Proche de la mort, il avoue enfin son amour et lui réclame, comme dernier vœu, un baiser pour reposer en paix.

Dans « Tristesse en mer », en transcendant le mal de mer en mal de siècle, le poète évoque son propre cadavre après le suicide par noyade et célèbre le regard rédempteur de l'amante.

Certains poèmes encensent le corps féminin. Le corps de la femme est interprété, exalté par l'art.

Dans le « Poème de la femme », la blanche statue renvoie à une série de poses artistiques évoquant à chaque fois le chef-d'œuvre d'un artiste –statues ou tableaux.

« Symphonie en blanc majeur » célèbre le corps de la femme à travers un large éventail de matières – peau, neige, plumage, pierre, fleur, écume, marbre, fourrure – sur lesquelles le poète fait vibrer toute la gamme des blancs.

Le poème « La Nue » opère une identification de la nuée en un beau corps de déesse ou de nymphe.

« À une robe rose » mêle habilement la douceur de la soie et la chaire féminine.

Et « La Rose-thé » encense une jeune fille à la peau plus belle et plus éclatante que les pétales de la plus délicate des roses.

Émaux et camées, c'est aussi un hymne esthétique à la nature. Le poète s'adresse directement aux forces de la nature ; il la vénère sous toutes ses formes.

« Premier sourire du printemps » offre une perception originale et esthétique de la nature. Gautier livre ses propres sentiments du Renouveau à l'approche du printemps. Chez beaucoup de poètes, ce sont des effusions passionnées. Chez ce théoricien de « l'art pour l'art », Mars est tout simplement un artiste décorateur.

« Fantaisie d'hiver » opère une personnification imagée de certaines forces de la nature.

Dans « Ce que disent les hirondelles », Gautier fait allusion à de petites scènes de la nature à travers lesquelles il décrit l'arrivée progressive de l'hiver. Il écoute et observe également les hirondelles sur le toit et transcrit leur gazouillement : elles parlent de leur destination prochaine.

« Lied » raconte la succession des saisons, de la jeunesse printanière à la vieillesse hivernale, en passant par la maturation.

Dans un jeu d'opposition, le poème « Camélia et pâquerette » évoque successivement la splendeur des fleurs de serre et la beauté naturelle des fleurs qui vivent au fond des bois.

Enfin, la mort est partout dans *Émaux et camées*, mais elle est traitée de telle façon qu'elle n'atteint plus la sensibilité du lecteur et passe souvent inaperçue. Elle reste malgré tout le thème principal de certains poèmes du recueil.

« Coquetterie posthume » met en scène une jeune femme rêvant à sa toilette mortuaire.

« Le souper des armures » représente Sir Biorn dans son manoir, assis seul à la table du festin. Ne pouvant ressusciter ses aïeux, il fait asseoir à côté de lui leurs armures vides, sorte de fantômes de fer qui incarnent les ancêtres disparus.

« Bûchers et tombeaux » évoque la mort regrettée du paganisme (la mort du dieu Pan, figure de prou du paganisme). Il oppose le christianisme et le paganisme, en soulignant les mérites de l'incinération par rapport à l'enterrement. C'est-à-dire qu'il vante les Anciens qui brûlaient leurs morts, échappant ainsi à la décomposition, contrairement aux chrétiens qui rappellent constamment les images les plus morbides.

« Les joujoux de la mortes » représentent les jouets de l'enfant mort traînant encore sur le tapis et sur la table. À travers les mots et le regard du poète, les jouets ont l'air vivant et semblent exprimer leur peine.

LES RAISONS
DU SUCCÈS

La première publication d'*Émaux et Camées* se situe quatre ans après les journées sanglantes de 1848 et le coup d'état de Louis-Napoléon. L'échec des révolutions marque la fin de beaucoup d'espoirs romantiques et, en 1852, la bataille d'*Hernani*, qui voyait naître un romantisme flamboyant, est déjà loin.

Ce dernier recueil poétique de Gautier s'écrit en réaction aux excès lyriques du romantisme. Il n'échappe pas au poète que le public est las des effusions sentimentales. Il prend donc ici son indépendance vis-à-vis de toutes les grandes passions, de tout le faste romantisme des mots où il avait autrefois excellé. Avec *Émaux et Camées*, Théophile Gautier marque sa nouvelle prise de position poétique et propose volontairement une représentation plastique et impersonnelle du monde extérieur. La recherche de la perfection formelle, l'amour de la Beauté plastique éliminent complètement tous les élans du « moi ».

Déjà aux environs de 1850, les grands maîtres du romantisme – Lamartine, Musset, Vigny – cessent de produire ou de publier des vers. Seul Victor Hugo prolonge le mouvement romantique avec la publication de ses *Châtiments* en 1853 et de ses *Contemplations* en 1856. En marge de ces quelques publications aux épanchements lyriques, la poésie se transforme et c'est l'écriture d'*Émaux et Camées* qui donne le ton. D'*Albertus* à la publication de ce dernier recueil qui marque l'art accompli de sa poétique, Gautier indique la voie en inscrivant dans son œuvre la transformation du romantisme en un romantisme continué : c'est le passage de la première poésie romantique, sentimentale et grandiloquente, à la théorie de l'Art pour l'Art.

Émaux et Camées tient ainsi une place importante dans l'évolution de la poésie française au XIXe siècle. Certes, l'octosyllabe n'est pas une forme nouvelle, mais le poète refond, polit, cisèle ce vers de huit pieds avec la patience et la précision d'un orfèvre. Il renouvelle le rythme et la richesse de la rime ; il propose une nouvelle poésie où la netteté, la concentration, la brièveté, la précision sont les caractéristiques les plus importantes.

Cette nouvelle poésie, impassible, distante et impersonnelle, annihile toute émotion. Elle s'oriente vers la perfection esthétique, sans aucun état d'âme venant bouleverser l'œuvre d'art par ses reflets imparfaits. Gautier rêve d'un monde sans ombre, et pour parfaire à ses ambitions, il s'écarte volontairement de la scène politique riche en événements ; il extrait de ses vers toute la laideur et l'horreur du monde extérieur. Dès la « Préface », il proclame sa volonté de séparer l'art de la vie. Le poète doit rejeter toute morale et laisser les luttes sociales de son temps, cet « ouragan » des révolutions, de l'autre côté de la vitre pour se consacrer à son œuvre.

Le recueil est accueilli favorablement ; les octosyllabes groupés en quatrains deviennent même une source d'inspiration parmi les jeunes poètes. Avec *Émaux et Camées*, Gautier ouvre la voie à toute une génération d'auteurs. Il est admiré par Banville, Flaubert, et surtout Baudelaire qui dédicace ses *Fleurs du Mal* à ce « poète impeccable », ce « parfait magicien es lettre française » ; et son œuvre-bijou à l'élégance raffinée inaugure la poésie parnassienne.

LES THÈMES PRINCIPAUX

Le thème principal d'*Émaux et Camées* est la beauté plastique. La recherche du Beau est l'essentiel de l'esthétique poétique du recueil, avec pour but de sortir l'art de tout ce qui concerne les imperfections du monde contemporain.

Afin de bien comprendre de quelle manière Théophile Gautier tente d'atteindre la beauté absolue dans son recueil poétique, il est important de rappeler que Chateaubriand, dans son *Génie du Christianisme* publié en 1802, soit un demi-siècle avant l'écriture d'*Émaux et Camées*, montrait la supériorité morale et esthétique de la culture chrétienne sur la culture païenne. Or, en supplantant le monde gréco-romain, le christianisme sectionne les liens établis par les Anciens entre le Ciel et la Terre, entraînant en même temps la chute du culte de la beauté telle que l'envisage Gautier. C'est ce lien entre le divin et l'humain que le poète veut rétablir, pour tendre au mieux vers son idéal de beauté. La mythologie va dès lors jouer un rôle essentiel dans l'esthétique poétique de Gautier, seule apte à rétablir l'éblouissante splendeur du rêve olympien.

Théophile Gautier, pour qui l'éternelle beauté de la statuaire hellénique n'a pas d'égale, voit dans l'art antique une inspiration essentielle pour inscrire dans sa poésie la perfection formelle, aussi bien que le sculpteur fixe dans le marbre les types éternels du beau.

« L'Art », dernier poème du recueil, présente le poète comme le sculpteur d'une matière dure et résistante. Dès la première strophe, la poésie est montrée comme « rebelle » : ce terme occupant à lui seul un vers entier met en relief la résistance de la matière poétique. Celle-ci est associée aux matières les plus difficiles à sculpter : « vers, marbre, onyx, émail ». La poésie ainsi conçue relève de la plasticité. Une analogie est établie entre l'écriture poétique, la sculpture et la peinture, relevant chacun du travail de la matière. Comme le sculpteur pétrit l'argile, le poète pétrit les mots. L'accumulation au vers 53, « sculpte, lime, cisèle », fait en effet du poète un sculpteur de mots. Or, la sculpture n'a pas d'autre fin que la beauté, sans aucun souci d'utilité. Gautier souhaite ainsi insérer sa poésie dans la matière et, indirectement, dans le temps. Cette omniprésence de la matière permet d'ancrer le recueil dans une certaine solidité, et peut éventuellement aider l'auteur à inscrire dans son poème la beauté éternelle tant recherchée. Les références au marbre, aux émaux, à la sculpture font de la poésie une activité avant tout dédiée à la beauté.

Gautier trouve un équivalent acceptable à son idéal de beauté dans la beauté plastique de la statuaire hellénique, dont la perfection s'allie à la pureté de la pierre et à l'éternité du matériau. Aussi place-t-il l'art grec classique au dessus de tout, et son recueil abonde de références d'artistes grecs, peintres et sculpteurs de l'antiquité, tableaux, statues, objets précieux. Le titre du recueil lui-même renvoie à cet intérêt manifeste pour l'époque classique, avec les émaux et camées comme bijoux antiques. « Le poème de la femme » n'échappe pas aux références sur l'art grec classique : les apostrophes sont nombreuses, voir d'autant plus insistantes pour évoquer la beauté de la femme. *« Pour Appelle ou pour Cléomène, / Elle semblait, marbre de chair, / En Vénus Anadyomène / Poser nue au bord de la mer.* » « Appelle » est un peintre grec, portraitiste officiel d'Alexandre le Grand, et « Cléomène » un sculpteur grec du IIIe siècle avant J.-C. auquel on attribue parfois *La Vénus de Médicis*. Il y a correspondance directe entre l'art grec antique, le « marbre » – matériau pur et éternel – et la beauté de la femme (Vénus étant la déesse de la beauté). La femme, en statue de marbre, est belle comme la statuaire hellénique. La métaphore en « marbre de chair » et la référence mythologique à la déesse de la beauté font de la femme un être parfait gravé dans la pureté d'un matériau éternel, face aux contingences de l'histoire.

La mythologie est, en poésie, un réservoir d'images du merveilleux dans lequel les parnassiens puisent abondamment. Et Gautier, manifestant un intérêt particulier pour la peinture dès l'adolescence, s'inspire, dans ses poèmes, de tableaux dont les scènes sont tirées de la mythologie grecque, romaine, égyptienne et nordique. La main, dans « Étude de mains », semble une réplique de la main suppliante de Thétis implorant Jupiter dans le tableau *Jupiter et Thétis* d'Ingres (strophe 5 : « A-t-elle joué dans les boucles / Des cheveux lustrés de don Juan, / Ou sur son caftan d'escarboucles / Peigné la barbe du sultan »). On retrouve également à la troisième strophe du « Lied » une analogie avec le tableau de Riesener, *La Bacchante*, qui représente une femme nue, couchée, jouant avec un tigre et tenant à la main une grappe de raison : « Au mois d'Août, bacchante enivrée, / Elle offre à l'Automne son sein, / Et roulant sur la peau tigrée, / Fait jaillir le sang du raisin. » La fraternité entre la peinture et la poésie est une préoccupation constante chez Théophile Gautier, et se cristallise avec une intensité particulière dans *Émaux et Camées*. Les exemples de tableaux sont nombreux et démontrent le processus de la création poétique chez Gautier, l'objet se présentant comme générateur d'images, elles-mêmes liées à des évocations d'ordre littéraires, des souvenirs de formes plastiques. La mythologie, vidée de tout contenu religieux, se présente comme un arsenal de figures.

Le poète redécouvre ainsi le paganisme en faisant de la mythologie des dieux païens une utilisation strictement esthétique.

C'est une redécouverte artistique et culturelle du paganisme que nous offre le recueil d'*Émaux et Camées*, dans le but de rétablir un idéal de beauté perdu avec les civilisations chrétiennes.

Dans « Bûchers et tombeaux », le matériau mythologique tourne autour de la mort regretté du paganisme. Les figures du paganisme sont notamment représentées par les « aegipans », divinités agrestes, mi-homme, mi-chèvre, formant le cortège du dieu Pan, figure de prou du paganisme. Gautier oppose de façon criante le christianisme et le paganise, une confrontation directe que l'on retrouve à la strophe 12 : « Mais l'Olympe cède au Calvaire, / Jupiter au nazaréen ». Le « Calvaire », cette colline à l'extérieur de Jérusalem sur laquelle Jésus de Nazareth a été crucifié, remplace le domaine des dieux de la mythologie grecque ; et Jupiter, le père des dieux, disparaît face au mouvement artistique influencé par le catholicisme et le romantisme. « Une voix dit : Pan est mort ! », des paroles annonçant la fin de l'ère des dieux et le début du christianisme. Ce poème livre une partie de la pensée esthétique de Gautier : il reproche à l'art chrétien de montrer le squelette alors que l'art du paganisme voile cette laideur. « Le squelette était invisible, / Au temps heureux de l'Art païen ; / L'homme, sous la forme sensible, / Content du beau, ne cherchait rien. » Il invoque clairement, dans ce poème, le retour de l'art païen, et se présente même, tout au long du recueil, comme le poète du panthéisme.

Le mot panthéisme vient de deux mots grecs : *pan* qui signifie tout, et *theos* qui signifie Dieu. Le panthéisme est la doctrine qui identifie l'univers matériel à l'être divin. Aussi Gautier est-il un artiste sublimant la matière, davantage qu'un ouvrier travaillant la matière. Il fait par exemple dans « La Nue » une identification de la nuée avec un beau corps de déesse ou de nymphe. Elle est successivement reconnue comme une « Aphrodite éthérée », « le corps d'Antiope dormant », et « sœur de l'éternel féminin ». Par l'évocation du baiser d' « Ixion », la nuée est également identifiée à Héra. Le roi des Lapithes, voulant effectivement séduire Héra, s'unit à un nuage que Zeus avait modelé à la ressemblance de la déesse. Le matériau mythologique permet ainsi à Théophile Gautier de sublimer l'univers matériel, plus précisément de l'identifier à l'être divin. La doctrine panthéiste arrive à conclure que le monde lui-même est divin et la maîtrise poétique de Gautier rend compte de la splendeur d'un objet quelconque et sublime les thèmes de la vie quotidienne : une montre arrêtée, un accroche-cœur sur un joue, une cheminée qui fume… Certes, le poète rappelle que le monde visible existe, mais l'objectif de l'artiste n'est pas, ainsi que le rappelle Gautier à propos de Delacroix, de « reproduire exactement » la nature, mais de créer un microcosme où puissent habiter les rêves et les sensations.

À travers les dieux qu'il vénère, le païen s'adresse directement aux forces de la nature. Le paganisme c'est avant tout la vénération, plus ou moins directe, de la nature sous toutes ses formes, et Gautier va tenter d'esthétiser la nature ; il veut rendre la nature conforme à un idéal de beauté aussi froid, dur et résistant que le « marbre de Paros ». C'est ainsi que Mars, dans « Premier sourire du printemps », devient un artiste décorateur. On retrouve également cet hymne esthétique à la nature dans « fantaisie d'Hiver », notamment à la strophe 6 : « Au piédestal où, court-vêtue, / Vénus coudoyait Phocion, / L'Hiver a posé pour statue / La Frileuse de Clodion. » « Clodion, sculpteur français de nymphes et de faunes, s'apparente directement au poète Théophile Gautier, qui sculpte également la nature en espérant atteindre la perfection d'un microcosme dont la beauté n'a pas d'égale. Ce même poème fait également de nombreuses références à « Vénus », déesse de la beauté considérée à l'origine comme la déesse de la nature. L'association entre « Vénus » et « Phocion » – général grec – rend compte d'une alliance entre la beauté, la Grèce antique et la nature.

Le poète est sans arrêt à la recherche d'une beauté parfaite, mais l'Idée sublime ne peut finalement exister que dans une autre réalité. Une réalité dans laquelle le poète fait apparaître le référent platonicien.

Le recueil de Théophile Gautier tend sans arrêt à rejoindre le royaume de l'Idéal (plus précisément l'Idée du beau) incarné par le mont Olympe, résidence des dieux et de leurs mythologies. Aussi, afin d'atteindre au mieux l'idéal de beauté tant recherché, le poète fait-il apparaître le référent platonicien dans une réalité qui veut s'apparenter davantage au royaume de l'Olympe.

Son œuvre s'articule autour de l'Idée du Beau et tend sans fin, pour reprendre une formule de *Mademoiselle de Maupin*, vers cet « impalpable royaume où s'envolent les divines créations de poètes et les types de la suprême beauté. » La suprême beauté se retrouve notamment sous les traits du dieu Hermaphrodite dans « Contralto ». Quant aux femmes, elles sont très souvent évoquées et sont généralement identifiées à Vénus, ce qui fait d'elles des êtres divinisés à la beauté suprême. « Le poème de la femme », notamment, est un hymne à la beauté du corps féminin, où la sublimation de la femme déifiée sous les traits de « Vénus Anadyomène » semble renouer le lien entre le Ciel et la Terre, ce lien si cher à Gautier. La beauté ressurgit de ses profondeurs inconnues, comme la déesse nue surgit des flots.

Dans le monde, tout évolue, et personne n'est armé contre les ravages du temps. Dire d'une femme qu'elle est belle pose un problème : cet énoncé ne sera pas éternel, car l'être peut devenir laid ou moins beau. Comme dans le monde qui nous entoure, tout change sans arrêt, alors il faut qu'il y ait un autre monde que celui-ci.

Dans un monde changeant où toutes les formes sont imparfaites, la régularité des choses ne peut provenir que de l'existence d'un moule commun : l'Idée. Platon remarque que, si tous les chevaux ou tous les chiens sont identiques – même si on peut les reconnaitre à des détails – c'est qu'il existe quelque part un monde qui a servi à les former. Il appelle l'ensemble de ces moules le « monde des idées ». Les belles femmes d'*Émaux et Camées* ne sont donc qu'un exemplaire de l'Idée du Beau. Elles participent de la Beauté, mais elles ne sont pas la beauté. Il existerait une autre réalité que la notre composée de modèles éternels et immuables. C'est ainsi que, pour Théophile Gautier, le royaume de l'Idéal n'est autre que cet Olympe inaccessible où règnent les dieux, modèles éternels et immuables dont les êtres humains ne sont que les copies imparfaites. On comprend alors les multiples références à la mythologie et les identifications systématiques de la femme à une déesse.

De plus, Gautier tente, via la perfection formelle du poème, de créer un moule universel (l'ensemble de ces moules-poèmes forme le recueil) afin d'atteindre une autre réalité – le royaume de l'Idéal – et de confectionner un livre qui se rapproche au mieux du monde des idées, et donc de l'Idée sublime. Ce n'est donc pas un hasard si, à l'exception du premier poème et des trois derniers, le recueil est tout entier en quatrains d'octosyllabes à rimes croisées, féminines puis masculines.

Cependant, parallèlement à sa tension permanente vers le royaume de l'Idéal, Théophile Gautier fait aussi preuve d'esprit critique vis-à-vis de la pensée platonicienne. La quête du beau apparaît inséparable de l'idée selon laquelle ce beau ne peut être atteint. L'avènement du christianisme et la chute du culte de la beauté n'ont laissé aux sociétés modernes que la laideur causée par un au-delà désormais inconnu – comme se plait à le rappeler « Bûchers et tombeaux » – d'où l'incarnation ici-bas, dans les poèmes de Gautier, de l'Idée de beauté qui se trouve dans un au-delà inatteignable incarné par l'Olympe et ses dieux.

ÉTUDE DU MOUVEMENT LITTÉRAIRE

Émaux et Camées s'inscrit dans un mouvement littéraire qui trouve son nom seulement quelques années plus tard, en 1866, avec la publication par Alphonse Lemerre du recueil de vers *Le Parnasse contemporain*. Cette revue regroupe les poètes qui défendent l'impersonnalité et la théorie de l'Art pour l'Art.

C'est dans la deuxième moitié du XIXe siècle que naît en France le Parnasse, dont le nom réfère naturellement au lieu mythologique où résident Apollon et les neufs muses. Le mouvement réunit des poètes de tempéraments divers se regroupant tout d'abord autour de *La Revue fantaisiste* de Catulle Mendès en 1861, puis de la revue *L'Art de Xavier de Ricard* en 1865, avant de se regrouper dans l'anthologie d'Alphonse Lemerre et de recevoir le nom de Parnasse. Cependant, si le Parnasse a fait ses véritables débuts en 1866, il était déjà représenté trente ans plus tôt par des auteurs adoptant des caractéristiques propres au mouvement.

À l'origine de ce mouvement se trouvent la haine à l'égard du lyrisme égocentrique des romantiques et l'admiration pour des maîtres communs comme Baudelaire, Banville, Leconte de Lisle et surtout Gautier qui, dès la préface de *Mademoiselle de Maupin* en 1836, commençait déjà à dénoncer les épanchements sentimentaux dans la littérature, en prônant l'objectivité et la perfection de la forme. Le poète veut sortir l'art de toute la laideur du monde et déclare qu'« il n'y a de vraiment beau que ce qui ne peut servir à rien, tout ce qui est utile est laid ». C'est en 1857, avec la publication de « L'Art » dans *Émaux et Camées*, que naît en quelque sorte le premier manifeste de la poésie parnassienne, représentant le travail acharné et minutieux du poète et reléguant à l'arrière-plan toute idée.

Le refus des batailles engagées qui ont marqué le romantisme est une des premières caractéristiques de la poésie parnassienne. Celle-ci recherche avant tout l'absence de toute implication personnelle : « Il y a dans l'aveu public des angoisses du cœur et de ses voluptés non moins amères, une vanité et une profanation gratuite », déclare Leconte de Lisle. Le Parnasse rompt avec le romantisme ; il rejette tous les élans du « moi » et renoue volontairement avec le passé le plus lointain, en Grèce ou en Inde. Le rythme change, la rime se fait plus riche, la métrique devient plus rigoureuse, le vocabulaire est recherché, précis. Cette nouvelle école poétique prétend unir, voire confondre la poésie et la science, en cherchant une inspiration qui se veut savante et intellectuelle. Elle revendique le culte du travail poétique et célèbre le beau sous toutes ses formes, en donnant souvent l'illusion de la peinture et de la sculpture.

Pour favoriser la distance et l'objectivité, les parnassiens utilisent des thèmes comme l'exotisme, l'Antiquité, la description de la nature, l'histoire et puisent abondamment dans la mythologie qui est pour eux un réservoir d'images du merveilleux.

Cependant, la beauté impassible et la technique sans défaut que recherche tant le Parnasse aboutissent bientôt à une poésie rigide et quelque peu prosaïque. On lui reproche l'absence totale de sensibilité, de nuances, de mystères. Le mouvement poétique a néanmoins contribué à délivrer les poètes, comme Mallarmé et Verlaine, des facilités d'un certain romantisme. L'influence du Parnasse à l'étranger est limitée. Il s'est manifesté en Allemagne par quelques poètes mineurs, et en Espagne par Rubén Dario.

DANS LA MÊME COLLECTION
(par ordre alphabétique)

- **Anonyme**, *La Farce de Maître Pathelin*
- **Anouilh**, *Antigone*
- **Aragon**, *Aurélien*
- **Aragon**, *Le Paysan de Paris*
- **Austen**, *Raison et Sentiments*
- **Balzac**, *Illusions perdues*
- **Balzac**, *La Cousine Bette*
- **Balzac**, *La Femme de trente ans*
- **Balzac**, *Le Colonel Chabert*
- **Balzac**, *Le Lys dans la vallée*
- **Barbey d'Aurevilly**, *L'Ensorcelée*
- **Barbey d'Aurevilly**, *Les Diaboliques*
- **Bataille**, *Ma mère*
- **Baudelaire**, *Les Fleurs du Mal*
- **Baudelaire**, *Petits poèmes en prose*
- **Beaumarchais**, *Le Barbier de Séville*
- **Beaumarchais**, *Le Mariage de Figaro*
- **Beauvoir**, *Mémoires d'une jeune fille rangée*
- **Beckett**, *En attendant Godot*
- **Beckett**, *Fin de partie*
- **Brecht**, *La Noce*
- **Brecht**, *La Résistible ascension d'Arturo Ui*
- **Brecht**, *Mère Courage et ses enfants*
- **Breton**, *Nadja*
- **Brontë**, *Jane Eyre*
- **Camus,** *L'Étranger*
- **Carroll**, *Alice au pays des merveilles*
- **Céline**, *Mort à crédit*

- **Céline**, *Voyage au bout de la nuit*
- **Chateaubriand**, *Atala*
- **Chateaubriand**, *René*
- **Chrétien de Troyes**, *Perceval*
- **Cocteau**, *La Machine infernale*
- **Cocteau**, *Les Enfants terribles*
- **Colette**, *Le Blé en herbe*
- **Corneille**, *Le Cid*
- **Crébillon fils**, *Les Égarements du cœur et de l'esprit*
- **Defoe**, *Robinson Crusoé*
- **Dickens**, *Oliver Twist*
- **Du Bellay**, *Les Regrets*
- **Dumas**, *Henri III et sa cour*
- **Duras**, *L'Amant*
- **Duras**, *La Pluie d'été*
- **Duras**, *Un barrage contre le Pacifique*
- **Flaubert**, *Bouvard et Pécuchet*
- **Flaubert**, *L'Éducation sentimentale*
- **Flaubert**, *Madame Bovary*
- **Flaubert**, *Salammbô*
- **Gary**, *La Vie devant soi*
- **Giraudoux**, *Électre*
- **Giraudoux**, *La Guerre de Troie n'aura pas lieu*
- **Gogol**, *Le Mariage*
- **Homère**, *L'Odyssée*
- **Hugo**, *Hernani*
- **Hugo**, *Les Châtiments*
- **Hugo**, *Les Contemplations*
- **Hugo**, *Les Misérables*
- **Hugo**, *Notre-Dame de Paris*
- **Huxley**, *Le Meilleur des mondes*
- **Jaccottet**, *À la lumière d'hiver*
- **James**, *Une vie à Londres*

- **Jarry**, *Ubu roi*
- **Kafka**, *La Métamorphose*
- **Kerouac**, *Sur la route*
- **Kessel**, *Le Lion*
- **La Fayette**, *La Princesse de Clèves*
- **Le Clézio**, *Mondo et autres histoires*
- **Levi**, *Si c'est un homme*
- **London**, *Croc-Blanc*
- **Maupassant**, *Boule de suif*
- **Maupassant**, *Le Horla*
- **Maupassant**, *Une vie*
- **Molière**, *Amphitryon*
- **Molière**, *Dom Juan*
- **Molière**, *L'Avare*
- **Molière**, *Le Malade imaginaire*
- **Molière**, *Le Tartuffe*
- **Molière**, *Les Fourberies de Scapin*
- **Musset**, *Les Caprices de Marianne*
- **Musset**, *Lorenzaccio*
- **Musset**, *On ne badine pas avec l'amour*
- **Perec**, *La Disparition*
- **Perec**, *Les Choses*
- **Perrault**, *Contes*
- **Prévert**, *Paroles*
- **Prévost**, *Manon Lescaut*
- **Proust**, *À l'ombre des jeunes filles en fleurs*
- **Proust**, *Albertine disparue*
- **Proust**, *Du côté de chez Swann*
- **Proust**, *Le Côté de Guermantes*
- **Proust**, *Le Temps retrouvé*
- **Proust**, *Sodome et Gomorrhe*
- **Proust**, *Un amour de Swann*
- **Queneau**, *Exercices de style*

- **Quignard**, *Tous les matins du monde*
- **Rabelais**, *Gargantua*
- **Rabelais**, *Pantagruel*
- **Racine**, *Andromaque*
- **Racine**, *Bérénice*
- **Racine**, *Britannicus*
- **Racine**, *Phèdre*
- **Renard**, *Poil de carotte*
- **Rimbaud**, *Une saison en enfer*
- **Sagan**, *Bonjour tristesse*
- **Saint-Exupéry**, *Le Petit Prince*
- **Sarraute**, *Enfance*
- **Sarraute**, *Tropismes*
- **Sartre**, *Huis clos*
- **Sartre**, *La Nausée*
- **Senghor**, *La Belle histoire de Leuk-le-lièvre*
- **Shakespeare**, *Roméo et Juliette*
- **Steinbeck**, *Les Raisins de la colère*
- **Stendhal**, *La Chartreuse de Parme*
- **Stendhal**, *Le Rouge et le Noir*
- **Verlaine**, *Romances sans paroles*
- **Verne**, *Une ville flottante*
- **Verne**, *Voyage au centre de la Terre*
- **Vian**, *J'irai cracher sur vos tombes*
- **Vian**, *L'Arrache-cœur*
- **Vian**, *L'Écume des jours*
- **Voltaire**, *Candide*
- **Voltaire**, *Micromégas*
- **Zola**, *Au Bonheur des Dames*
- **Zola**, *Germinal*
- **Zola**, *L'Argent*
- **Zola**, *L'Assommoir*
- **Zola**, *La Bête humaine*